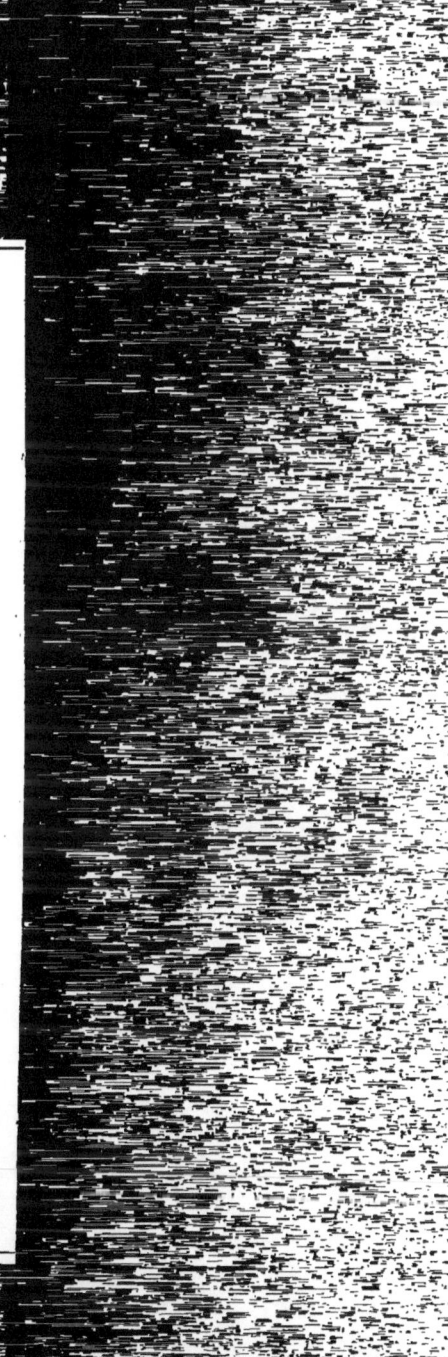

BIOGRAPHIE D'INGRES.

HOMMAGE

AU CONSEIL GÉNÉRAL DE TARN-ET-GARONNE

ET

AU CONSEIL MUNICIPAL DE LA VILLE DE MONTAUBAN,

Par M. B. REY,

DE LA SOCIÉTÉ ARCHÉOLOGIQUE DE BÉZIERS;
des Sociétés littéraires de Tarbes, Aix, La Rochelle, Angers, Rodez,
Agen, Evreux, Marseille, etc.;
des Académies *Dei Quiriti*, des Arcades (de Rome), de l'Institut de Milan, etc.;
Sous-Bibliothécaire de la ville de Montauban.

> Voulez-vous voir surgir des grands
> hommes parmi nous ?
> Prouvons que nous savons les honorer!

Prix : 5o *Centimes*.

PARIS : Chez J.-B. DUMOULIN, Libraire, Quai des Grands-Augustins, 13;
— CLAUDIN, Libraire, rue Guénégaud, 3 ;
— Aug. AUBRY, rue Dauphine, 16 ;

TOULOUSE : Chez GARY, Libraire, rue des Lois, 12 ;

MONTAUBAN : Chez tous les Libraires.

BIOGRAPHIE D'INGRES.

HOMMAGE

AU CONSEIL GÉNÉRAL DE TARN-ET-GARONNE

ET

AU CONSEIL MUNICIPAL DE LA VILLE DE MONTAUBAN,

PAR

M. B. REY.

La France est un pays d'échos. Dès qu'un homme supérieur s'y manifeste, les cent voix de la renommée exaltent son nom, ses talents, et on le voit hisser son pavillon au milieu des enthousiastes acclamations populaires. Héros du jour, on lui rend un culte particulier; après sa mort, il reçoit une magnifique apothéose. Des statues et des colonnes superbes s'élèvent, en son honneur, au sein des places publiques; et sa mémoire, ainsi glorifiée, témoigne hautement de l'ascendant irrésistible du génie et de la vertu sur le cœur de l'homme.

Alors un modeste devoir s'impose au biographe. Il recueille les traits d'une si belle vie, et vient la raconter avec toute la simplicité de son rôle. Telle est aujourd'hui mon humble tâche.

Le 30 août 1780, naquit, à Montauban, dans le faubourg du Moustier, Maison Déjean, 50, au 1er étage, Jean-Auguste-Dominique Ingres, de Jean-Marie Ingres, sculpteur en plâtre, et d'Anne Moulet. L'enfantement se déclara si laborieux, qu'on craignit beaucoup pour la vie du nouveau-né. Dans cette perplexité, l'abbé Féral, vicaire hebdomadier de la Cathédrale, informé du danger, accourut l'ondoyer. Les cérémonies solennelles du baptême *furent supplées* le 14 du mois suivant.

Le père fut si heureux d'avoir un fils, qu'il traduisait l'ivresse de son bonheur par des expressions enthousiastes. Il résolut de consacrer expressément ce jour à une fête de famille. En conséquence, il convia ses parents et ses amis à un festin, où la naissance du nouveau-venu fut célébrée par des vivats et des toasts souvent répétés.

Notre concitoyen aimait tendrement son fils, en qui il se retrouvait tout entier. C'étaient le même caractère, les mêmes goûts, les mêmes sentiments, la même pénétration d'esprit. Dans l'élan de son amour, plus d'une fois, la nuit, ne pouvant vaincre l'insomnie, il venait, le flambeau à la main, contempler les traits de son enfant qui, pendant son sommeil, semblait gracieusement lui sourire, et, le pressant contre son cœur, il le mouillait de larmes d'attendrissement. Tel on vit jadis le père d'Origène prodiguer à son fils la même tendresse et entourer son berceau des soins les plus doux.

Lorsque le jeune Ingres eut atteint sa cinquième année, son père songea sérieusement à lui choisir une maison d'éducation, où dominât, par-dessus tout, l'enseignement religieux. Il ne trouva aucun établissement qui réalisât mieux l'idéal de sa pensée, que l'Institut des Frères de la doctrine Chrétienne. C'est là que fut élevé celui qui devait être une des plus grandes illustrations du XIXe siècle.

L'École des Frères, établie alors faubourg du Moustier, 10 et 12, comptait plus de six cents élèves ; ils étaient tous, sans exception, enfants du peuple. Notre compatriote donna à son fils des preuves d'une affection unique. Tous les jours on le voyait l'accompagner lui-même à l'Institut, le conduisant d'une main, et, de l'autre, portant lui-même ses livres et ses cahiers de classe. Les autres pères l'admiraient, mais aucun d'eux ne l'imitait dans ces démonstrations d'amour. M. Pradel, Étienne, son condisciple et son ami particulier, aujourd'hui nonagénaire, pourrait, comme quelques autres, attester ce fait, dont il fut lui-même le témoin pendant les quatre années environ qu'ils fréquentèrent le même établissement.

L'intéressant écolier possédait toutes les qualités qui constituent l'excellent élève, et qui assurent le succès, ainsi qu'elles attirent naturellement la bienveillance et l'estime des maîtres. Il était docile, laborieux, intelligent et d'une régularité de conduite peu commune à son âge. Il était aussi facile de le reconnaître dans la salle d'étude, par son application, qu'à l'église, par son attitude recueillie. Avec ces qualités, il procurait à ses parents de douces jouissances, alors surtout qu'il se montrait à eux le front orné de nombreuses et brillantes couronnes, décernées à la solennelle distribution des prix : préludant ainsi à la glorieuse renommée qu'il devait obtenir bientôt dans le domaine des Beaux-Arts.

Ingres était aussi aimé qu'admiré à la fois de ses condisciples. Ils se plaisaient à le voir, à converser avec lui et surtout à se trouver placés à côté de lui sur son banc. Aussi, ceux que le hasard avait ainsi favorisés, manifestaient-ils leur joie dans leurs regards et par leurs gestes expressifs. Reconnaissons là l'influence du talent même dans le jeune âge.

Les bons Frères, ses maîtres, savaient, eux aussi, distinguer l'écolier privilégié (1). Ils l'entouraient des soins les plus empressés, les plus doux, ne cessaient de l'encourager et de lui témoigner ces attentions marquées qu'obtiennent, d'ordinaire, les élèves modèles dans toutes les maisons d'éducation. Chose qui peut-

---

(1) Voici les noms des Frères qui composaient l'École : « Le 21 décembre « 1791, frère Zachée, supérieur des frères des Écoles Chrétiennes, et les « frères Zosime, Pétroine, Oger, Aurélion, Siffrédi et Odile, bibliothé- « caire, déclarent vouloir se conformer à l'arrêté de la municipalité, en « date du 20 du même mois, qui enjoint aux frères des Écoles Chrétiennes « de vider, dans les 24 heures, les maisons et locaux qu'ils occupent, « pour l'installation des nouveaux instituteurs choisis par le dépar- « tement. »

(Extrait des *Archives de la ville de Montauban*.)

être surprendra, c'est que ces égards, si heureusement justifiés, ne donnèrent jamais lieu à des sentiments de basse jalousie.

Ingres père, témoin muet de toutes ces touchantes sympathies, en était vivement pénétré; il feignait bien de ne pas les remarquer, mais les larmes de joie et de bonheur qui s'échappaient de ses yeux trahissaient les émotions de son cœur attendri.

A cette occasion, qu'il me soit permis de rapporter le fait suivant, que je tiens d'un vénérable supérieur de cet Institut dans notre cité : Un jour, sept Frères des Écoles Chrétiennes de Paris se présentèrent chez Ingres, et le prièrent de vouloir bien leur laisser voir son cabinet. Leur présence le saisit tout-à-coup d'une des plus douces surprises. On remarqua en lui une joie si vraie, si expansive, qu'elle se peignit sur son visage et dans toute sa personne. Ses élèves en furent agréablement étonnés. L'illustre peintre se plut à montrer à ses pieux visiteurs son atelier dans tous ses détails, avec une complaisance et un intérêt difficiles à décrire. Jamais la présence des plus grands personnages ne lui avait procuré une si inexprimable satisfaction. Aujourd'hui le mystère s'explique ! ! !

M. Ingres avait remarqué, dès les premières années de son fils, ses heureuses dispositions, ainsi que son goût bien prononcé pour la peinture. Sa brillante organisation pour cette spécialité, lui apparaissait en toute occasion. Cet enfant de prédilection dédaignait les amusements et les jeux de son âge. Le crayon seul occupait et charmait, à la fois, ses moments de loisir. Ainsi se développait tous les jours, de plus en plus, en lui, cet instinct d'artiste qui déjà faisait le bonheur de sa famille.

Convaincu par différentes épreuves de la vocation et des progrès étonnants de l'héritier de son nom, il alla le placer, à Toulouse, sous la direction de son ami et collègue, M. Roques, artiste habile, et qui jouissait d'une réputation méritée. Sous un tel maître grandit bientôt un tel élève. On le vit, en quelques mois, dessiner avec autant de précision que de fidélité. A peine âgé de douze ans, il obtint le grand prix de dessin de l'Académie, et en reçut les honneurs, au Capitole, au milieu d'unanimes applaudissements.

Le jeune Montalbanais a conçu, dans les tendances encore indécises de son imagination, une idée confuse, mais fixe, sur le genre de style qu'il veut adopter. Ses recherches, ses désirs et son goût restent toujours sans résultat. Il admire profondément les chefs-d'œuvre des peintres appartenant aux grandes écoles, tant anciennes que modernes, mais il ne peut trouver de modèle tel qu'il se le représente dans l'esprit. Il va un jour au Musée. Un tableau le frappe soudain d'admiration. A cette vue, il s'arrête immobile et respirant à peine. Voilà, se dit-il en lui-même, celui que je pressentais ; voilà mon maître : c'était un Raphaël !!!

A l'âge de dix-sept ans, il partit pour Paris, et fut admis dans l'atelier de David, le plus célèbre peintre qu'eut alors la France. Le nouvel élève s'y fit distinguer non-seulement par le maître, mais encore par ses compagnons d'étude qui trouvèrent en lui un redoutable rival. En peu de mois, il les éclipsa tous. Ses progrès furent tels, qu'en 1799 il remporta, au concours général, le 2me prix de peinture. Il conquit le 1er grand prix en 1802. Les examinateurs déclarèrent que c'était pour la première fois qu'un travail aussi remarquable leur avait été présenté. Ces deux triomphes ouvrirent au jeune lauréat les portes de l'Académie de Rome; il s'y rendit en 1804.

A son arrivée, il ne se livra pas tout de suite à la composition; il voulut auparavant se fortifier et faire des études approfondies sur Raphaël, son peintre favori. Il s'efforça de le connaître à fond, de se pénétrer de ses beautés si originales, et de s'initier à cette correction, à cette grâce, à cette rectitude idéale de la ligne qu'il ne cessait d'admirer dans son parfait modèle. Enfin, après un certain temps de méditations sérieuses, il saisit le pinceau pour ne s'occuper que des travaux de son art : époque à jamais glorieuse pour sa Ville natale, pour la France et pour l'Europe entière, que sa palette prestigieuse devait enrichir de tant de merveilles!

L'homme supérieur, avant de voir ses travaux justement appréciés, passe souvent par de cruelles épreuves. Il s'efforce de conquérir la renommée par la puissance de son génie, mais sa main, comme paralysée par la pauvreté, n'a pas alors la force de confier à la toile les pensées grandioses dont elle est l'interprète. Cette lutte, ces outrages de la misère, Ingres les a subis, à Rome, avec un courage héroïque. On l'a vu obligé de faire ce qu'il appelait « du commerce, » c'est-à-dire des portraits et des esquisses à la mine de plomb, qui eurent, d'ailleurs, des succès. Rien n'a donc manqué à la gloire du grand artiste, puisqu'il est sorti vainqueur de ces épreuves dont le puissant effet a raidi sa volonté et doublé ainsi son talent

Pour faire l'éloge des œuvres du Raphaël moderne, il suffit de les énumerer. Ces compositions où se manifestent à la fois les merveilles de l'art et du génie, et qui ont été consacrées par l'opinion universelle, sont : une *Odalisque* ; une *Dormeuse* ; *Œdipe expliquant l'énigme* ; une seconde *Odalisque* ; *Jupiter et Thétys* ; *la Chapelle Sixtine* ; *Raphaël et la Fornarina* ; *Romulus vainqueur d'Acron, roi des Céciniens* ; le *Sommeil d'Ossian* ; le *Pape Pie VII tenant chapelle à Rome* ; *le Cardinal Bibiéna fiançant sa nièce à Raphaël* ; *Virgile lisant son Énéide à Auguste et à Octavie* ; *Philippe V, roi d'Espagne, donnant la Toison d'or au maréchal Berwick* ; *l'Arétin, recevant avec dédain la chaîne de la Toison d'or de Charles-Quint* ; *Tintoret et l'Arétin* ; *l'Épée de Henri IV* ; *la mort de Léonard de Vinci* ; *Roger délivrant Angélique* ; *Henri IV en famille* ; *l'Entrée de Charles V à Paris* ; *la Source* ; *l'Odalisque avec son Esclave* ; *la Naissance de Vénus Anadiomène* ; *Lesueur chez les Chartreux* ; *Molière dans son cabinet* ; *Racine en habit de cour* ; *La Fontaine hésitant sur le chemin qu'il doit prendre* ; *Jeanne-d'Arc au sacre de*

Charles VII; le Vœu de Louis XIII; saint Pierre recevant les clefs des mains de Jésus-Christ; le Martyre de saint Symphorien; la Vierge à l'Hostie, l'Apothéose d'Homère; la *Stratonice; Molière et Louis XIV;* l'*Apothéose de Napoléon I*er*, pour l'hôtel-de-ville;* son tableau de *Jésus parmi les Docteurs* a été jugé comme une de ses compositions les plus remarquables. On y trouve, en effet, réunies toutes les grandes qualités qui caractérisent essentiellement ses chefs-d'œuvre. Son puissant génie semble l'avoir créée comme le *nec plus ultrà* de la peinture de son siècle. Voilà, sans doute, pourquoi son auteur en a fait don à sa ville natale.

Notre illustre compatriote a, par un glorieux privilége, comme créé le portrait, en l'élevant à la hauteur de son génie. Sous le prestige de son pinceau s'animait et parlait, pour ainsi dire, l'individu qu'il représentait. Non-seulement la ressemblance était frappante, mais encore on voyait se révéler les pensées du vivant modèle qu'il reproduisait. Voilà, sans doute, un magnifique triomphe. C'est ainsi qu'ont été exécutés les portraits du savant peintre.

Ingres conserva auprès des rois et des princes cette dignité et cette grandeur de caractère qu'on se plut toujours à retrouver en lui. L'éclat du trône ne lui fit jamais rien céder, rien sacrifier aux convenances. Témoin le fait suivant : Louis-Philippe tenait beaucoup à ce que notre célèbre compatriote fît le portrait de son fils, le duc d'Orléans. En conséquence, il lui envoya un de ses officiers d'ordonnance avec une lettre autographe pour le prier de vouloir bien se présenter aux Tuileries. A son arrivée, Sa Majesté s'empressa de lui communiquer son désir et de lui montrer, en même temps, la salle voisine destinée à ce travail. Ingres répondit qu'il ne pouvait accorder que trois heures par jour dans son propre cabinet. Le roi comprit et n'insista pas. Ainsi, l'artiste n'alla pas chez le prince ; ce fut le prince qui se rendit chez l'artiste. Le génie est la première des royautés.

La jalousie est aussi essentiellement nécessaire pour consacrer les grandes illustrations, qu'un alliage grossier et impur est d'une absolue nécessité pour consolider la monnaie d'or et d'argent. Parmi la foule des détracteurs lâches et impitoyables qui se déchaînèrent, avec tant de furie, pour attenter à la renommée de notre illustre compatriote, on rougit de trouver le célèbre peintre David. On rapporte qu'un jour il alla le visiter. En sortant de son atelier, avec de la craie qu'il y avait prise, il grava sur la porte du cabinet de son ancien élève ces mots : *Ingres, tu ne seras jamais peintre :* Oh ! que parfois l'envie est aveugle !

Nous trouvons dans un long et remarquable article, consacré à l'illustre Montalbanais par le journal la *Presse,* du 21 janvier dernier, les deux phrases suivantes : « Le vieux maître interprétait l'Évangile et la Vie des Saints en Pontife... Il lui arrivait de sortir quelquefois de son royaume religieux. » Mais où le roi de l'art a-t-il puisé cette prédilection, ce goût pour les choses de la religion ? Ne serait-il pas permis de penser que l'influence du premier enseignement inspira cette tendance féconde en prodigieux résultats! Oui, l'immortel peintre du *Vœu de Louis XIII* a trouvé ce secret dans la morale divine et dans les principes si purs, auxquels il s'était initié dès son enfance, et dont il a donné des preuves éclatantes, non-seulement dans les huit dernières années de sa vie, mais principalement sur son lit de mort! Porté sur l'aile de la foi, son génie s'est élancé jusqu'aux pieds du trône du Tout-Puissant, s'y est pénétré des splendeurs célestes et a réfléchi heureusement dans ses compositions d'un ordre supérieur, ces couleurs si vraies, ces diverses et séduisantes combinaisons de la forme, cette science si savante, si originale de la ligne, en un mot, cet idéal qui est l'expression suprême de l'art : qualités essentielles aux succès durables, et qui lui ont valu l'admiration de son siècle, comme elles exciteront également celle de la postérité. Honneur, trois fois honneur, aux bons Frères de la doctrine Chrétienne, qui ont formé le cœur et l'âme du grand artiste, dont la mort a plongé non-seulement sa ville natale, mais encore la France entière dans la tristesse et dans le deuil! Qu'une statue lui soit élevée dans nos murs, et qu'on y grave ces mots en caractère d'or : *A J.-A.-D. Ingres, ses concitoyens reconnaissants.* Voulons-nous voir surgir des grands hommes parmi nous? Prouvons que nous savons les honorer!!!

Ingres fut nommé Chevalier de la Légion-d'Honneur (1824); membre de l'Institut (1826); Officier de la

Légion-d'Honneur (1841) ; Commandeur (1845) ; Grand Officier (1855) ; Sénateur (1862) ; il était aussi membre du Conseil impérial de l'instruction publique (1) ; il est mort à Paris, le 14 janvier de cette année (2).

(1) Dictionnaire universel des contemporains, par Vapereau, page 927.
(2) M. Ingres père est mort, à Montauban, le 14 mars 1814, à l'âge de soixante ans ; il a laissé quatre enfants : Jean-Auguste-Dominique, objet de cette biographie ; Mlle Augustine, mariée à M. Déchy, chef de bureau de la préfecture (Tarn-et-Garonne), ils sont décédés tous les deux ; Mlle Jeanne, célibataire, âgée, aujourd'hui, de soixante-seize ans, et Alexis. Ce dernier avait environ quinze ans de moins que son aîné. Comme lui, il fut élevé chez les Frères de la Doctrine Chrétienne. C'est dans cet établissement que je l'ai connu. Nous fûmes étroitement liés jusqu'à l'âge de dix-huit ans, époque où il s'enrôla dans le 11me de ligne. Depuis son départ, sa famille n'a plus entendu parler de lui.

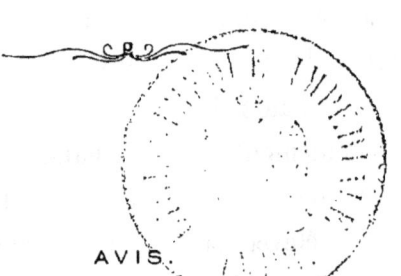

AVIS.

Cette Biographie est ma propriété ; en conséquence, tout exemplaire qui ne sera pas revêtu de ma signature, sera censé contrefait, et poursuivi selon la rigueur de la loi.

Je déclare que les documents dont je me suis servi dans cette notice, m'ont été fournis par la famille d'Ingres, que je connais particulièrement.

Montauban, Imp. Forestié Neveu, rue du Vieux-Palais, 23.

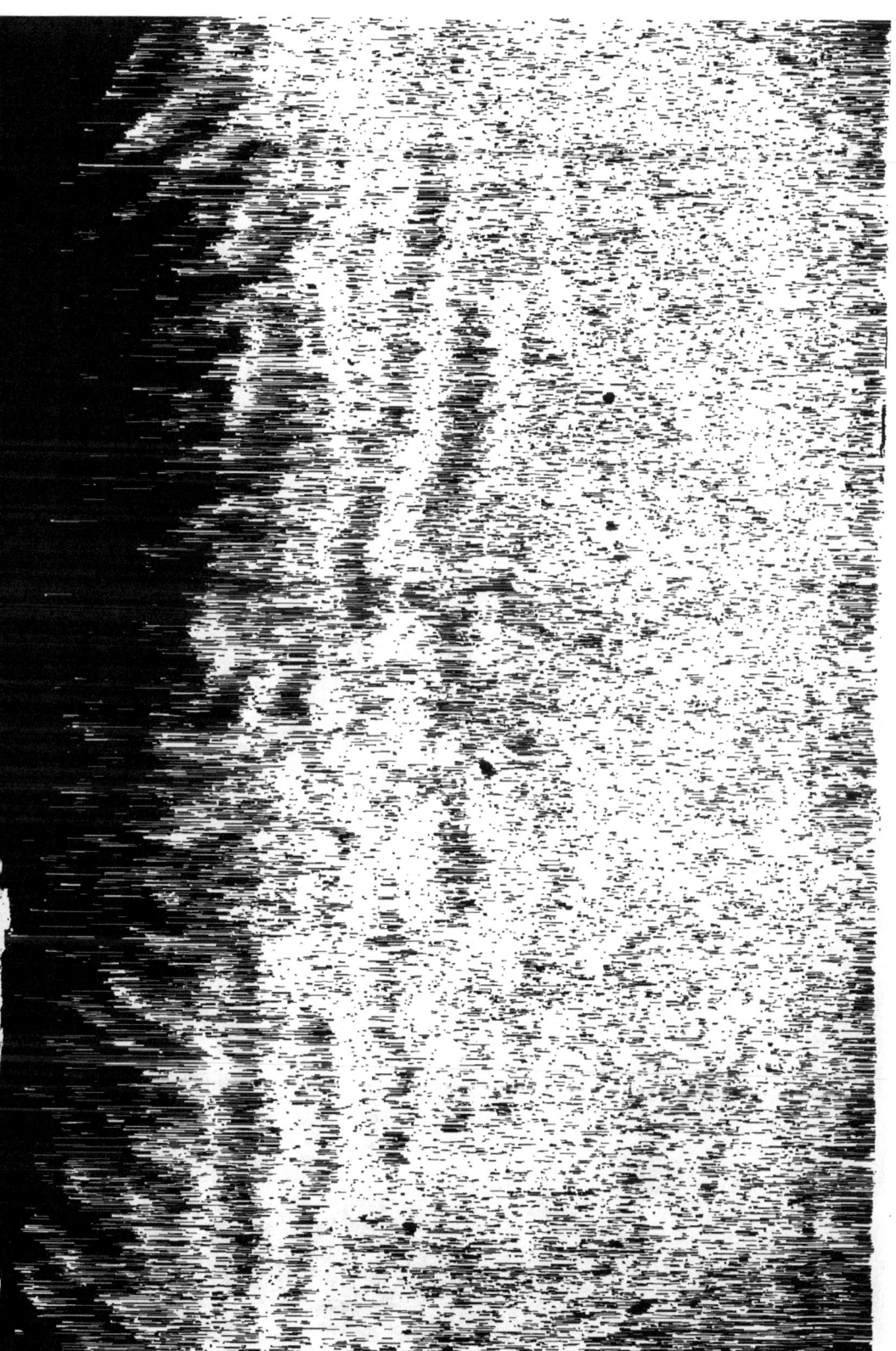

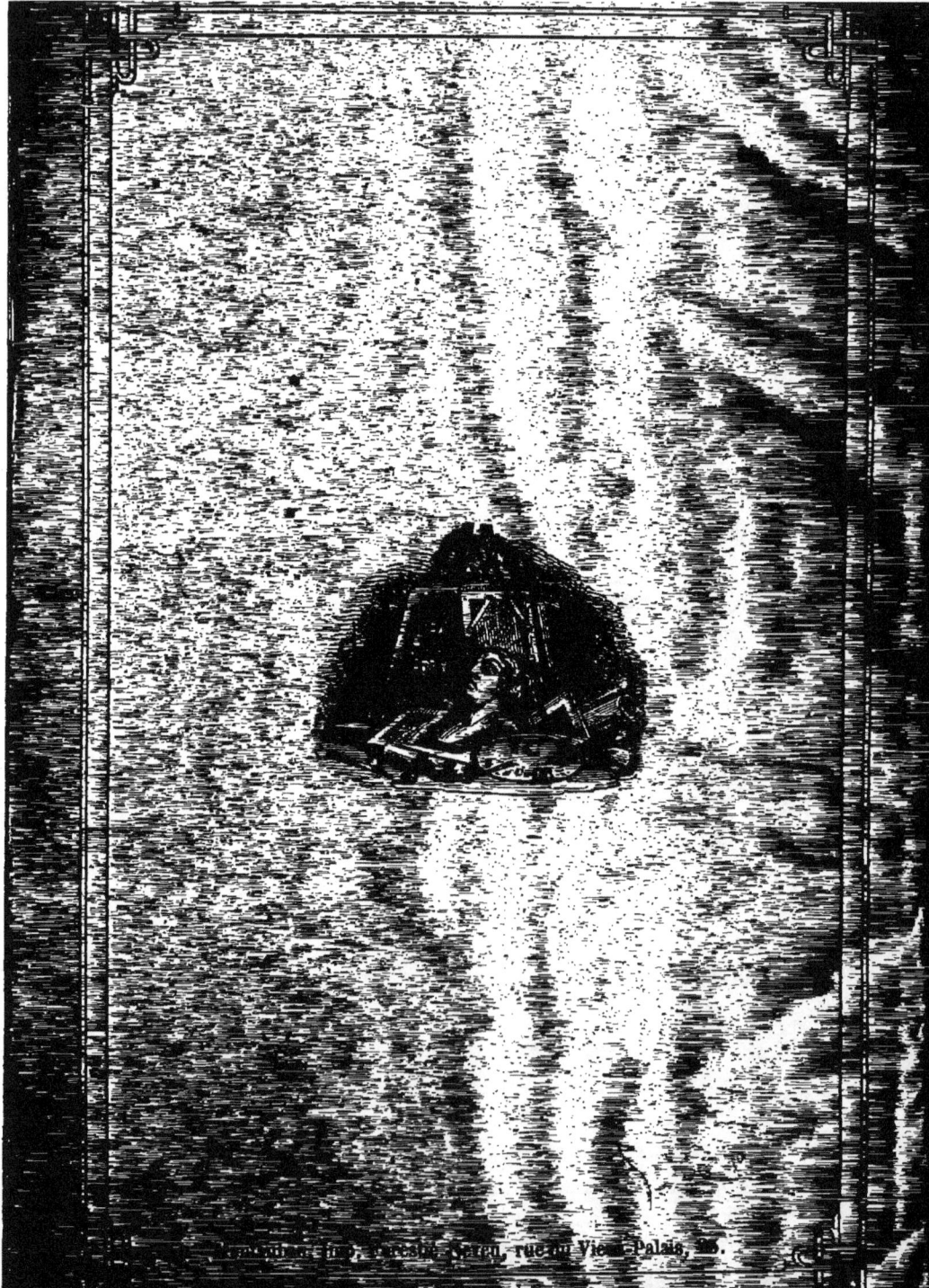

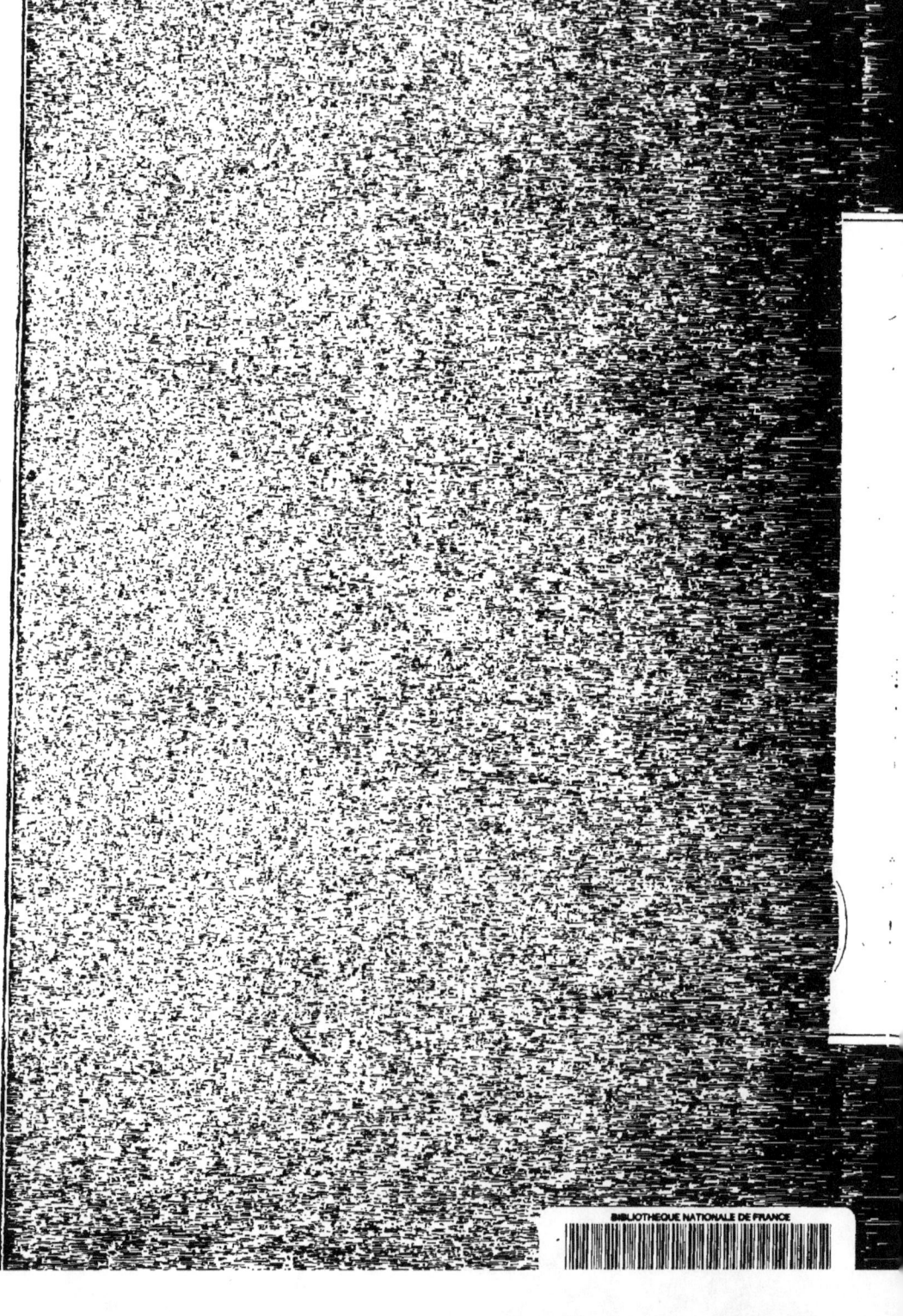

www.ingramcontent.com/pod-product-compliance
Lightning Source LLC
Chambersburg PA
CBHW070531050426
42451CB00013B/2953